KANARISCHE INSELN

Gran Canaria, Teneriffa,
Fuerteventura, La Palma, La Gomera,
Lanzarote, El Hierro...

... sieben starke Schwestern und keine wie die andere! Und genau so abwechslungsreich ist auch die Küche der »Kanaren«.

Die Kartoffel ist der Star in der Küche und der Atlantik liefert den Rest dazu. 18 Lieblingsrezepte aus dem Urlaub und dazu hilfreiche Tipps, welche inseltypischen Schmankerl Sie sich unbedingt aus den Ferien mitnehmen sollten.

LANDESTYPISCHES UND MITBRINGSEL

1 Weine

Bekannte Rote sind: Balcon Canario, Viña Norte, Tagoror, El Lomo, Monje. Die besten Weißweine kommen aus der Gegend von Icod de los Vinos.

2 Bananenlikör

Er schmeckt sehr gut zu Desserts, z. B. Bienmesabe (Seite 32), gebratenen Bananen oder in Eisbechern.

3 Honig-Rum

Ron Miel heißt dieser Rum. Er wird mit Inselhonig gesüßt und schmeckt wie ein süßer Likör.

4 Bananen

Die typischen, kleinen Zwergbananen schmecken süßer als ihre südamerikanischen Verwandten und sind teilweise auch in Deutschland erhältlich.

Tabakwaren

Die handgefertigten Zigarren »purros« aus La Palma sind bei Kennern sehr beliebt. In den Artesanias kann man bei der Herstellung zusehen.

Ziegenkäse

Der kanarische Ziegenkäse ist sehr mild. Es gibt ihn in verschiedenen Reifegraden. Den geräucherten Ziegenkäse kann man braten und mit Mojo-Sauce servieren.

7 Gewürze

Beliebte kulinarische Souvenirs sind die fertigen Gewürz- und Kräutermischungen. Sie sind die geschmacklichen Grundlagen für Mojo-Saucen.

8 Morcilla

Das ist eine Blutwurst. Sie ist mit Zimt gewürzt und wird heiß gegessen. Die Kanarios verdanken sie den Mauren.

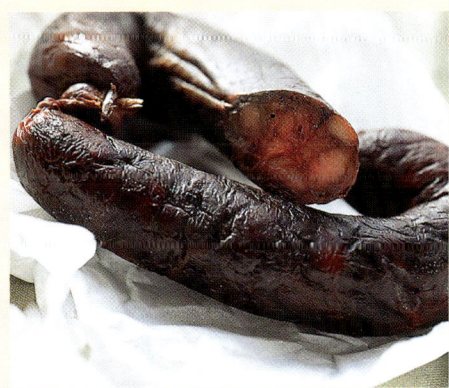

ANANASSALAT AUS EL HIERRO
Ensalada de piña herreña

➤ e r f r i s c h e n d

Dies ist ein altes Rezept, von Generation zu Generation überliefert.

Zutaten für 4 Personen:

Für den Salat:

500 g geschälte, gegarte Garnelen (z.B. Cocktailgarnelen, frisch oder TK)

1 frische Ananas

2 kleine Zwiebeln

$^1/_2$ EL Öl oder Butter

8 Blätter Kopfsalat

125 g Krebsfleisch (Dose)

Brunnenkresse zum Anrichten

Für die Sauce:

3–4 EL Mayonnaise

4 Tropfen Tabasco

1 EL Tomatenmark

1 Msp. Muskatnuss

Salz, Pfeffer

50 ml Ananassaft

ZUBEREITUNGSZEIT: 25 MIN.
PRO PORTION ETWA: 1165 KJ/280KCAL

1 Für den Salat tiefgekühlte Garnelen auftauen lassen. Die Ananas schälen und in Scheiben von etwa 3 cm Dicke schneiden. Aus den Scheiben den Strunk herausschneiden. Die Zwiebeln schälen und würfeln. In einer kleinen Pfanne das Fett erhitzen, die Zwiebeln darin goldbraun braten und beiseite stellen. Den Salat waschen und abtrocknen.

2 Für die Sauce die Mayonnaise mit Tabasco, Tomatenmark, Muskat, Salz und Pfeffer vermischen und so viel Ananassaft unterrühren, dass die Sauce leicht cremig wird.

3 Zum Servieren die Salatblätter auf vier Teller verteilen und die Ananasscheiben darauf anrichten. In die Mitte die Garnelen und das Krebsfleisch verteilen.

4 Die Sauce über Ananas und Meeresfrüchte gießen und die gebratenen Zwiebeln darüber streuen. Mit Brunnenkresse dekorieren.

FISCHSUPPE
Sopa de pescado

➤ **gelingt leicht**

Ihre Gäste werden Sie begeistert nach dem Rezept fragen.

Zutaten für 4 Personen:

- *150 g tiefgekühlte Garnelen*
- *2 Stangen Sellerie mit Blattgrün*
- *400 g Fleischtomaten*
- *1 große Zwiebel*
- *2 Knoblauchzehen*
- *4 EL Olivenöl*
- *150 ml trockener Weißwein*
- *500 g Miesmuscheln*
- *250 g Schellfisch, Kabeljau oder Seehecht*
- *1 Bund gehackte Petersilie*

ZUBEREITUNGSZEIT: 1 STD.
PRO PORTION ETWA: 1025 KJ/245 KCAL

1 Garnelen auftauen lassen. Wasser in einem Topf erhitzen. Vom Sellerie die Blätter entfernen, waschen und fein hacken. Den Sellerie putzen und würfeln. Tomaten kreuzweise einschneiden, im heißen Wasser brühen, häuten und grob schneiden. Zwiebel und Knoblauch schälen, Zwiebel hacken.

2 Das Öl in einem Topf erhitzen, Zwiebel dazugeben, Knoblauch hineinpressen und beides glasig dünsten. Sellerieblätter, Tomaten, Wein, 600 ml Wasser und das Gemüse dazugeben und bei mittlerer Hitze 15 Min. kochen.

3 Währenddessen die Muscheln waschen, geöffnete wegwerfen, die übrigen abbürsten. Den Fisch in mundgerechte Stücke schneiden, zur Suppe geben und 10 Min. dünsten (nicht kochen, damit der Fisch nicht zerfällt).

4 Einen Teil der Suppe in eine hohe Pfanne füllen. Die Muscheln hineingeben und köcheln, bis sie sich öffnen (geschlossene wegwerfen). Suppe und Muscheln mit den Garnelen zur Suppe im Topf geben und alles 5 Min. köcheln.

5 Die Suppe mit der gehackten Petersilie garnieren und mit warmem Baguette servieren.

VARIANTE: Länger satt macht die Suppe, wenn Sie noch Lauchringe, Möhrenscheiben und 150 g Kartoffelwürfel mit 1 Zweig frischem Thymian mitkochen.

GARNELENOMELETT
Tortilla de Gambas

➤ **schmeckt auch kalt**

Die Tortilla ist ein typisches spanisches Gericht und passt zu jeder Gelegenheit.

Zutaten für 4 Personen:

- 200 g geschälte, gegarte Garnelen (frisch oder TK)
- 250 g gekochte Kartoffeln
- 1–2 EL Zitronensaft
- 3 EL Olivenöl
- 4–5 Eier
- Salz, Pfeffer

ZUBEREITUNGSZEIT: 30 MIN.
PRO PORTION ETWA: 610 KJ/245 KCAL

1 Tiefgekühlte Garnelen auftauen lassen. Die Kartoffeln schälen und klein würfeln.

2 Die Garnelen mit Zitronensaft beträufeln. Olivenöl in einer Pfanne von etwa 20 cm Durchmesser erhitzen, die Garnelen kurz darin schwenken.

3 Die Eier in einer Schüssel mit Salz und Pfeffer gut verquirlen. Die Kartoffeln hinzugeben und diese Masse gleichmäßig über die Garnelen in die Pfanne gießen. Bei schwacher Hitze 5–7 Min. stocken lassen.

4 Die Tortilla mit Hilfe eines Tellers wenden und auf der anderen Seite weitere 5 Min. garen. Auf einen Teller gleiten lassen und in Stücke schneiden. Heiß oder kalt mit Weißbrot reichen. Lässt sich auch gut mit anderen Tapas servieren.

!

VARIANTE: Tortilla mit Zwiebeln

500 g Kartoffeln schälen, in Scheiben schneiden und in reichlich Olivenöl 10 Min. braten. Salzen und 1 fein gehackte Zwiebel dazugeben. Weiterbraten und dabei wenden, bis die Kartoffeln gar sind. In einem Sieb abtropfen lassen. 4 Eier mit Salz verquirlen und die Kartoffelmasse dazugeben. Eventuell noch etwas Öl in der Pfanne erhitzen und die Kartoffelmasse darin bei schwacher Hitze 2 Min. braten. Wenn das Omelett fest, aber noch nicht trocken ist, mit Hilfe eines flachen Tellers wenden und 3 Min. weiterbraten. Lecker schmecken auch angebratene Chorizo-, Salami- oder Schinkenwürfel in der Omelettmasse.

KNOBLAUCHMAYONNAISE
Ali-oli

➤ schnell

Ob Fisch oder Fleisch,
gegrillt oder gekocht –
ohne sie geht gar nichts.

Zutaten für 4 Personen:

- 1 große reife Avocado
- 4–8 Knoblauchzehen
- Salz
- 1 EL Zitronensaft
- 2 ganz frische Eigelbe
- $^3/_8$ l Olivenöl
- Pfeffer

ZUBEREITUNGSZEIT: 20 MIN.
PRO PORTION ETWA: 3135 KJ/750 KCAL

Die Avocado halbieren und den Kern herauslösen. Das Fruchtfleisch mit der Gabel zerdrücken, in einen Rührbecher geben und mit den Quirlen des Handrührgeräts oder einem Schneebesen glatt rühren.

Knoblauch schälen, durchpressen und mit Salz und Zitronensaft im Mörser oder mit dem Rücken eines Holzlöffels zu einer glatten Paste zerdrücken.

Diese Masse mit den Eigelben zu dem Avocadomus geben. Das Olivenöl tropfenweise unter stetigem Schlagen unterrühren. Die Sauce sollte dick-cremig sein, sodass sie in einem Löffel ihre Form behält. Mit Salz und Pfeffer abschmecken.

TIPP: Wird die Mayonnaise zu dick, verdünnen Sie sie teelöffelweise mit kaltem Wasser. Falls nötig, können Sie bis zu 4 TL Wasser hinzufügen.

RUNZELKARTOFFELN MIT KRÄUTERSAUCE
Papas arrugadas con mojo verde

➤ **Klassiker**

Dieses Rezept stammt aus den Zeiten, als es den Inseln an Süßwasser mangelte.

Zutaten für 4 Personen:

- 1 kg kleine, neue Kartoffeln
- Salz
- 1 Zweig Rosmarin
- 1 Zweig Thymian
- 2–3 EL grobes Meersalz

Für die Sauce:

- 1 Knoblauchzehe
- je 1 Bund Petersilie, Basilikum, Koriandergrün
- 1 Stück Chilischote
- 3 EL mittelscharfer Senf
- $^3/_8$ l Olivenöl
- Salz, Pfeffer

ZUBEREITUNGSZEIT: 30 MIN.
PRO PORTION ETWA: 4165 KJ/995 KCAL

1 Die Kartoffeln in kaltem Wasser gut abbürsten. Die Kartoffeln in einen Topf geben und so viel Wasser angießen, dass die Kartoffeln bedeckt sind. Salz, Rosmarin und Thymian dazugeben und 20 Min. garen.

2 Das Wasser abgießen, die Kartoffeln im Topf nochmals auf den noch heißen Herd stellen und mit Meersalz bestreuen. Mit einem Küchentuch abdecken, den Deckel auflegen und die Kartoffeln abdampfen lassen. Dabei mit Meersalz bestreuen.

3 Für die Sauce den Knoblauch schälen. Die Kräuter waschen, die Blätter abzupfen und mit der Chilischote und dem Knoblauch im Mixer oder mit dem Pürierstab pürieren. Das Kräutermus mit dem Senf verrühren und tropfenweise das Olivenöl unterrühren.

4 Den Mojo mit Salz und Pfeffer kräftig würzen und zu den Kartoffeln geben. Sie werden übrigens mit Schale gegessen.

TIPP: Die Kanarios lassen die gegarten Kartoffeln 20–30 Min. trocken weitergaren, bis sich die Schalen runzeln.

FISCH MIT ZWIEBELN
Encebollado de pescado

➤ **gut vorzubereiten**

Die Kanarios verwenden für dieses Rezept gerne eingesalzenen Fisch.

Zutaten für 4 Personen:

- 1 kg küchenfertiger Riesenzackenbarsch (oder auch Wolfsbarsch oder Seehecht)
- 6 Knoblauchzehen
- 4 Zwiebeln
- 1 grüne Paprikaschote
- 5–6 EL Olivenöl
- 5 Stängel Petersilie
- 1 TL Oregano
- Zitronen zum Garnieren

ZUBEREITUNGSZEIT: 35 MIN.
PRO PORTION ETWA: 1115 KJ/265 KCAL

BEILAGEN:
RUNZELKARTOFFELN (REZEPT SEITE 14)
MOJO CILANTRO UND MOJO PICÓN
(REZEPTE SEITE 18)

1 Den Fisch schuppen (oder vom Fischhändler vorbereiten lassen) und kalt abspülen. In einem großen Topf mit reichlich Wasser bei schwacher Hitze gar ziehen lassen. Mit einer Gabel prüfen, ob sich das Fleisch von den Gräten löst. Den Fisch herausheben, häuten, in Stücke schneiden und in eine Pfanne legen.

2 Knoblauchzehen schälen und hacken. Die Zwiebeln schälen, in Ringe, Streifen oder Achtel schneiden. Paprika waschen, putzen und würfeln. Das Öl in einer Pfanne erhitzen und darin alles anbraten.

3 Inzwischen restlichen Knoblauch schälen. Petersilie waschen und hacken.Beides in einem Mörser mit Petersilie zerreiben. Diese Mischung auf den Fisch streichen. Gemüse darauf verteilen. Den Fisch bei schwacher Hitze zugedeckt 5 Min. garen.

4 Den Fisch auf eine längliche Platte legen und servieren. Mit Zitrone garnieren.

TIPP: Die angegebenen Fische haben festes, weißes und mageres Fleisch und eignen sich hervorragend für dieses Gericht. Als Alternative können Sie den preiswerteren Kabeljau verwenden.

KANARISCHE SAUCEN

Mojo picón – Pikanter Mojo

1 getrocknete rote Paprika entkernen und 20 Min. einweichen. Mit $^1/_2$ TL zerstoßenem Kümmel, 1 Knoblauchzehe und 1 TL edelsüßem Paprika im Mörser reiben.

Mojo cilantro – Mojo mit Koriander

4 Knoblauchzehen, 1/2 TL Kümmel und 1 Bund Koriandergrün (ersatzweise Petersilie) im Mörser zu einer homogenen Paste reiben.

Die Paste mit 100 ml Olivenöl zu einem Brei verrühren, gut mit 50 ml Essig und 50 ml Instant-Brühe mischen. Pikant!

Mit 100 ml Olivenöl und 50 ml Essig verrühren. 50 ml kalte Brühe unterrühren. Die Brühe muss kalt sein, damit der Koriander seine Frische behält.

Mojo de ajo – Mojo mit Knoblauch

6 Knoblauchzehen mit Salz zerreiben.
50 ml Olivenöl erhitzen und dazugeben.
Gut verrühren und einige Tropfen Zitronensaft und 2–3 EL Brühe hinzufügen.

Dieser Mojo passt am besten zu Kaninchen
und Lammfleisch.

Mojo de azafrán – Mojo mit Safran

2–3 Msp. Safran mit 3 Knoblauchzehen und
1 TL Oregano im Mörser zerstoßen. Mit
dem Fleisch von 1 Tomate mischen, 100 ml
Olivenöl und 1 TL Paprika dazugeben.

Kurz aufkochen lassen und vor dem Servieren 1 Schuss Weinessig unterrühren.
Safran-Mojo passt hervorragend zu Fisch.

MUSCHELN SEEMANNSART
Mejillones marinera

➤ **gelingt leicht**

In Weißweinsauce mit reichlich Knoblauch schmecken Muscheln nochmal so gut.

Zutaten für 4 Personen:

- 2 kg Miesmuscheln
- 2 Zwiebeln
- 3 Knoblauchzehen
- 6 EL Olivenöl
- 400 ml Weißwein
- 50 g Semmelbrösel
- 3–4 EL Zitronensaft
- 1–2 Lorbeerblätter
- Salz, Pfeffer
- 1 Bund Petersilie

ZUBEREITUNGSZEIT: 30 MIN.
PRO PORTION ETWA: 855 KJ/205 KCAL

1 Die Muscheln unter fließendem kaltem Wasser abspülen und gründlich abbürsten. Geöffnete Muscheln wegwerfen.

2 Zwiebel und 2 Knoblauchzehen schälen und fein hacken. Olivenöl in einem Topf erhitzen und Zwiebel und Knoblauch darin glasig dünsten. Mit 1 Glas Wein auffüllen und zum Kochen bringen. Die Muscheln dazugeben und zugedeckt bei mittlerer Hitze kochen, bis sich alle Muscheln geöffnet haben. Geschlossene wegwerfen. Muscheln aus dem Sud nehmen, gut abtropfen lassen und warm stellen.

3 Den Sud durch ein sauberes Küchentuch passieren. Übrige Zwiebel und Knoblauch schälen und fein hacken. Restliches Olivenöl erhitzen, die Zwiebel darin glasig dünsten. Knoblauch kurz mitdünsten. Die Semmelbrösel unterrühren und leicht Farbe nehmen lassen. Mit dem restlichen Wein und Muschelsud auffüllen. Mit Zitronensaft abschmecken, das Lorbeerblatt dazugeben, salzen und pfeffern. Die Sauce bei schwacher Hitze 6–8 Min. köcheln lassen.

4 Muscheln in den Sud geben. Die Petersilie waschen, fein hacken, untermischen und alles noch einmal kurz erhitzen.

TIPP: In Deutschland gibt es frische Muscheln nur in den Monaten mit »r«. Wichtig: Wie im Rezept angegeben die ungenießbaren Muscheln ohne Skrupel wegwerfen.

KRABBEN IN KNOBLAUCH
Gambas al jerez con ajo

➤ **gelingt leicht**

Ein bekanntes Tapa-Rezept. Das Besondere daran ist der Sherry.

Zutaten für 4 Personen:

- 500–600 g frische geschälte Krabben
- 3–4 EL Zitronensaft
- 2 EL trockener Sherry
- 6–8 Knoblauchzehen
- 100 ml Olivenöl
- 1 Bund Petersilie
- Salz, Pfeffer

ZUBEREITUNGSZEIT: 45 MIN.
PRO PORTION ETWA: 1120 KJ/270 KCAL

1 Die Krabben unter fließendem kaltem Wasser abspülen und gut abtropfen lassen. In eine Schüssel geben, mit Zitronensaft und Sherry begießen und im Kühlschrank mindestens 30 Min. marinieren.

2 Den Knoblauch schälen und in dünne Scheiben schneiden. Das Olivenöl in einer Pfanne mit hohem Rand erhitzen und die Knoblauchscheiben darin bei mittlerer Hitze glasig dünsten. Die Krabben abtropfen lassen und 5–6 Min. mitbraten (sie sollen kochen).

3 Petersilie waschen, fein hacken und den größeren Teil darunter ziehen. Kurz mitdünsten.

4 Die Krabben in vorgewärmte Tonpfännchen verteilen, salzen und pfeffern, mit der restlichen Petersilie garnieren und sofort heiß servieren.

TIPPS: Den Knoblauch vorsichtig dünsten. Wird er braun, schmeckt er bitter!
Diese Krabben schmecken nicht nur solo mit Baguette, sondern eignen sich zusammen mit Tortilla (Seite 10), Ananassalat (Seite 6) und Fleischspießen (Seite 24) für ein Tapas-Buffet.

MAURISCHE FLEISCHSPIESSE
Pinchos morunos

➤ **Tapa-Rezept**

An den arabischen Ursprung erinnert der Kreuzkümmel, den die Mauren aus Afrika mitbrachten.

Zutaten für 4 Personen:

- *600 g Schweinefilet*
- *1 TL Kreuzkümmel*
- *1 Prise Cayennepfeffer*
- *2 EL Paprikapulver, edelsüß*
- *Salz*
- *Pfeffer*
- *5 EL Olivenöl*
- *Holzspieße*

ZUBEREITUNGSZEIT: 30 MIN.
MARINIERZEIT: 1–2 STD.
PRO PORTION ETWA: 1085 KJ/260 KCAL

1 Das Schweinefilet in etwa 2 cm große Würfel schneiden. Die Holzspieße in Wasser legen, damit sie beim Grillen nicht verkokeln.

2 In einer großen Schüssel Kreuzkümmel, Cayennepfeffer, Paprika, Salz, Pfeffer und Olivenöl verrühren. Die Fleischwürfel gut darin wenden und im Kühlschrank 1–2 Std. marinieren.

3 Den Grill anheizen. Die Fleischwürfel auf die Holzspieße stecken und auf dem Grill oder in einer Pfanne bei mittlerer Hitze 10–12 Min. braten, dabei öfter wenden.

4 Als Beilage gibt es Weißbrot. Das Gericht passt auch gut zu anderen Tapas. Ein trockener Sherry ist ein köstlicher Begleiter.

TIPP: Ursprünglich wurden die Pinchos morunos mit Lammfleisch zubereitet. Inzwischen verwendet man in ganz Spanien Schweinefleisch, das man vom Metzger bereits eingelegt bekommt.

KANINCHEN IN MARINADE
Conejo en salmorejo

➤ Nationalgericht

Zum Kaninchen isst man traditionell die Papas arrugadas mit dem scharfen Mojo.

Zutaten für 6 Personen:

- 6–8 Knoblauchzehen
- 2 Zwiebeln
- je 1 Bund Petersilie, Thymian und Koriandergrün
- 1 Stängel frischer Oregano
- 1 kleine Chilischote
- $1/4$ l Weinessig
- $1/4$ l Olivenöl
- 1 EL Paprikapulver, edelsüß
- 1 Msp. Cayennepfeffer
- Salz, Pfeffer
- 3–4 Lorbeerblätter
- 1 EL Pfefferkörner
- 2 Kaninchen (vom Metzger vorbereiten und in kleine Teile zerlegen lassen)
- kalte Fleischbrühe nach Bedarf
- 2–3 EL Olivenöl zum Braten

ZUBEREITUNGSZEIT: 45 MIN.
MARINIERZEIT: 24 STD.
PRO PORTION ETWA: 3765 KJ/950 KCAL

1 Knoblauch schälen und vierteln. Zwiebeln schälen und in große Stücke teilen. Die Kräuterbünde waschen. Chilischote entkernen und hacken.

2 Den Essig in einen großen Topf gießen, Knoblauch und Zwiebeln dazugeben. Das Olivenöl langsam einrühren, die Gewürze gut untermischen. Die Kräutersträußchen ganz dazugeben, Lorbeerblätter, Chili und ganze Pfefferkörner darunter mischen. Die Kaninchenteile in die Marinade legen, sie müssen von der Flüssigkeit bedeckt sein. Andernfalls mit kalter Fleischbrühe auffüllen. Das Fleisch mindestens 24 Std. darin marinieren.

3 In einer großen schweren Pfanne Olivenöl erhitzen und die etwas abgetropften Kaninchenteile darin scharf anbraten, öfters wenden und braten, bis sie knusprig braun sind. Dann aus der Pfanne nehmen und in den Topf mit der Marinade zurückgeben. Das Fleisch darin bei mittlerer Hitze 20 Min. kochen.

4 Das Fleisch auf vorgewärmte Teller verteilen, die Sauce durch ein Passiersieb gießen und getrennt dazu reichen. Dazu passt der scharfe Mojo picón (Seite 18).

FLEISCHTOPF
Ropa vieja

➤ **traditionell**

Auf Spanisch »Alte Wäsche«:
Ursprünglich wurde so übriges
Fleisch kulinarisch »aufbereitet«.

Zutaten für 4 Personen:

- 500 g mageres Schweinefleisch
- 100 ml Olivenöl
- Salz, Pfeffer
- 2 Knoblauchzehen
- 4 Chorizos (Knoblauchwürstchen, siehe Tipp)
- 400 g frische Champignons
- 2–3 EL Zitronensaft
- 1 Bund Petersilie

ZUBEREITUNGSZEIT: 35 MIN.
PRO PORTION ETWA: 2120 KJ/505 KCAL

1 Das Fleisch unter fließendem kaltem Wasser abspülen, trockentupfen und in dünne, etwa 2 cm lange Streifen schneiden. Das Olivenöl in einer Pfanne erhitzen und das Fleisch darin scharf anbraten. Mit Salz und Pfeffer würzen, herausnehmen und warm stellen.

2 Den Knoblauch schälen, fein hacken, ins verbliebene Bratfett geben und glasig dünsten. Die Chorizos in dünne Scheiben schneiden, dazugeben und 2–3 Min. braten.

3 Champignons putzen, nach Belieben in Scheiben schneiden und mit Zitronensaft beträufeln. Zu den Würstchen geben und alles bei mittlerer Hitze 6–8 Min. garen.

4 Die Petersilie waschen und fein hacken. Mit dem Schweinefleisch mischen, nochmals kurz erhitzen, nach Geschmack würzen und heiß servieren.

TIPP: Chorizos bekommt man in Deutschland beim »Spanier«. Wenn nicht, eignen sich Debreziner als Alternative.

HUHN MIT SAFRANREIS
Arroz con pollo

➤ **gelingt leicht**

Pollos – von den Kanarios und den Besuchern heiß geliebt.

Zutaten für 4–6 Personen:

- *1 Brathähnchen (1 $^1/_4$ – 1 $^1/_2$ kg, in 6–8 Stücke zerteilt)*
- *Salz, Pfeffer*
- *125 g gepökelter Schweinespeck*
- *150 g Zwiebeln*
- *1 Knoblauchzehe*
- *3–4 kleine Tomaten*
- *1 EL Schweineschmalz*
- *1 EL Rosenpaprika*
- *350 g Reis*
- *300 g frische oder TK-Erbsen*
- *1 Msp. Safranpulver*
- *1 Bund Petersilie*

ZUBEREITUNGSZEIT: 45 MIN.
BEI 6 PERSONEN PRO PORTION ETWA:
3085 KJ/735 KCAL

1 Die Hühnerteile waschen, gründlich abtrocknen und mit reichlich Salz und Pfeffer bestreuen. Speck fein würfeln. Zwiebeln und Knoblauch schälen und fein hacken. Tomaten überbrühen, häuten und fein würfeln.

2 In einer Kasserolle Schmalz bei mittlerer Hitze zergehen lassen. Speck hineingeben und knusprig braten, auf Küchenpapier legen. Die Hühnerteile in dem verbliebenen Bratfett von allen Seiten anbraten, herausnehmen und warm stellen. Bis auf eine dünne Schicht alles Fett abgießen. Zwiebeln und Knoblauch darin bei schwacher Hitze 5 Min. schmoren. Zuerst Paprika, dann die Tomaten hinzufügen und unter ständigem Rühren bei mittlerer Hitze 5 Min. schmoren, bis die Mischung dickflüssig ist.

3 $^3/_4$ l Wasser zum Kochen bringen. Hühnerteile, Speck, Reis, Erbsen, Wasser, Safran und 1 Prise Salz einrühren, bei starker Hitze zum Kochen bringen und zugedeckt 20–30 Min. köcheln lassen, bis das Huhn weich ist und der Reis die Flüssigkeit völlig aufgesaugt hat.

4 Petersilie waschen, fein hacken, hineinrühren. Das Gericht abschmecken.

MANDELDESSERT
Bienmesabe

➤ **süß & nussig**

Der kanarische Leckerbissen
wird kalt serviert und, wenn man
es mag, mit Zimt bestreut.

Zutaten für 4 Personen:

- *200 g gemahlene Mandeln*
- *1 unbehandelte Zitrone*
- *175 g Zucker*
- *4 Eigelbe*
- *2 EL Milch*
- *2 EL süßer Malvasierwein (oder Sherry)*
- *Zimtpulver zum Bestreuen*

ZUBEREITUNGSZEIT: 25 MIN.
+ ABKÜHLZEIT
PRO PORTION ETWA: 2290 KJ/545 KCAL

1 Die Mandeln in einer trockenen Pfanne bei mittlerer Hitze goldgelb rösten, dabei dauernd wenden, damit sie nicht anbrennen. Auf einen Teller schütten (in der heißen Pfanne rösten sie weiter). Die Zitrone heiß waschen, abtrocknen und die Schale fein abreiben.

2 Zucker und $^1/_4$ l Wasser in einem Topf erhitzen, bis ein Sirup entsteht, der gerade anfängt, Fäden zu ziehen. Die Mandeln dazugeben, aufkochen und dann abkühlen lassen.

3 Die Eigelbe cremig schlagen und die Milch einrühren. Diese Masse, den Wein und die Zitronenschale zu den Mandeln geben. Noch einmal aufkochen lassen. Vom Herd nehmen. In eine große Schüssel oder Portionsschalen füllen und erkalten lassen. Zum Servieren mit Zimt bestreuen.

TIPP: Sie können von der Mandelcreme auch mit einem Löffel Nocken abstechen und diese auf einem Teller, garniert mit Früchten, servieren.

EINLADEN, FEIERN, GENIESSEN!

Hits aus der trendy Küche

ISBN
3-7742-3244-X
36 Seiten

ISBN
3-7742-3241-5
36 Seiten

ISBN
3-7742-3235-0
36 Seiten

Gutgemacht. Gutgelaunt.

Impressum

© 2001 Gräfe und Unzer Verlag GmbH, München. Alle Rechte vorbehalten. Nachdruck, auch auszugsweise, sowie Verbreitung durch Film, Funk, Fernsehen und Internet, durch fotomechanische Wiedergabe, Tonträger und Datenverarbeitungssysteme jeder Art, nur mit schriftlicher Genehmigung des Verlages.

➤ *Die Temperaturangaben*
bei Gasherden variieren von Hersteller zu Hersteller. Welche Stufe Ihres Herdes der jeweils angegebenen Temperatur entspricht, entnehmen Sie bitte der Gebrauchsanweisung. Bei Elektroherden können die Backzeiten je nach Herd variieren.

➤*Vielen Dank!*
Ein herzliches Dankeschön an die Firmen TOHU BOHU / Frankreich und TERRE D'HAUT-ANIBOUL / Frankreich, aus deren Programm sich unsere Fotografin bedienen durfte.

Redaktion: Sigrid Burghard
Lektorat: Adelheid Schmidt-Thomé
Umschlag- und Innenlayout: independent Medien-Design
Foto auf Seite 2: SPAIN GOURMETOUR, ICEX / MADRID / Fotograf: Piedad Sancho-Mata
Alle anderen Fotos: FoodPhotography Eising / Martina Görlach / Andrea Holzer
Herstellung: Petra Roth
Satz: EDV-Fotosatz Huber / Verlagsservice G. Pfeifer, Germering
Reproduktionen: Penta Repro München
Druck und Bindung: Alcione
ISBN: 3-7742-3243-1

Auflage: 5.   4.   3.   2.   1.
Jahr: 2005 2004 2003 2002 2001